BEI GRIN MACHT SICH IHR WISSEN BEZAHLT

AF144694

- Wir veröffentlichen Ihre Hausarbeit,
  Bachelor- und Masterarbeit

- Ihr eigenes eBook und Buch -
  weltweit in allen wichtigen Shops

- Verdienen Sie an jedem Verkauf

Jetzt bei www.GRIN.com hochladen und kostenlos publizieren

Qualitätsmanagement in der agilen Softwareentwicklung. Analyse und Optimierung des Scrum-Modells

Bibliografische Information der Deutschen Nationalbibliothek:

Die Deutsche Nationalbibliothek verzeichnet diese Publikation in der Deutschen Nationalbibliografie; detaillierte bibliografische Daten sind im Internet über http://dnb.d-nb.de abrufbar.

ISBN: 9783389039922
Dieses Buch ist auch als E-Book erhältlich.

© GRIN Publishing GmbH
Trappentreustraße 1
80339 München

Druck und Bindung: Books on Demand GmbH, Norderstedt Germany
Gedruckt auf säurefreiem Papier aus verantwortungsvollen Quellen

Das vorliegende Werk wurde sorgfältig erarbeitet. Dennoch übernehmen Autoren und Verlag für die Richtigkeit von Angaben, Hinweisen, Links und Ratschlägen sowie eventuelle Druckfehler keine Haftung.

Das Buch bei GRIN: https://www.grin.com/document/1487821

Hochschule Fresenius

Fachbereich onlineplus

Studiengang: Wirtschaftsingenieurwesen (M.Eng)

Hausarbeit

Qualitätsmanagement in der agilen Softwareentwicklung: Analyse und Optimierung des Scrum-Modells

Modul: Qualitätsmanagement (M192)

Inhaltsverzeichnis

Abbildungsverzeichnis

Abkürzungsverzeichnis

DoD.. Definition of Done

TDD.. Test-Driven Development

QM.. Qualitätsmanagement

QMS.. Qualitätsmanagementsysteme

1 Einleitung

In einem technologiegetriebenen Wirtschaftsumfeld mit kurzen Produktlebenszyklen steht die Softwareentwicklung vor der anspruchsvollen Aufgabe, eine angemessene Qualität mit agilen und flexiblen Produktentwicklungsmethoden in Einklang zu bringen. Das agile Framework Scrum hat sich als führende Methodik der Softwareentwicklung etabliert und wird bereits in 90% der Unternehmen eingesetzt, die agile Entwicklungsmethoden anwenden (State of Agile, 2022, S. 11). Das treffende Zitat "Measuring programming progress by lines of code is like measuring aircraft building progress by weight" von Bill Gates (o.D.) verdeutlicht, dass neue Methoden auch neue Herausforderungen mit sich bringen, insbesondere im Hinblick auf Qualitätsstandards. Wie kann also Qualität in der agilen Softwareentwicklung optimiert werden? Diese Frage gewinnt angesichts der zunehmenden Komplexität von Softwareprojekten und der stetig steigenden Anforderungen an die Produktqualität immer mehr an Bedeutung.

Die Hausarbeit fokussiert sich auf die Evaluierung des agilen Frameworks Scrum hinsichtlich dessen Eignung und Effektivität zur Abdeckung der sechs klassischen Phasen des Qualitätsmanagements, wie von Benes und Groh (2022, S. 95) definiert. Im Kern der Untersuchung steht die Frage, in welchem Ausmaß die Prinzipien und Prozesse von Scrum mit den spezifischen Phasen der Qualitätsplanung, -prüfung, -lenkung, -sicherung, - verbesserung und der Risikoabsicherung korrespondieren. Zusätzlich zielt die Arbeit darauf ab, strategische Maßnahmen zu identifizieren und zu entwickeln, die zur Steigerung und Optimierung des Qualitätniveaus in Scrum-basierten Softwareentwicklungsprojekten beitragen können. Dabei soll die Forschungsfrage beantwortet werden, inwieweit die Softwareentwicklung nach dem agilen Modell Scrum die klassischen sechs Phasen des Qualitätsmanagements abdeckt und welche Maßnahmen zur Steigerung des Qualitätsstandards entwickelt werden können.

Die vorliegende Arbeit gliedert sich wie folgt: Nach einer Einleitung werden in Kapitel 2 die theoretischen Grundlagen sowohl des Qualitätsmanagements als auch des Scrum-Frameworks diskutiert, um ein solides Verständnis für die folgenden Analysen zu schaffen. In Kapitel 3 wird eine kritische Analyse der (Nicht-)Übereinstimmung von Scrum mit den sechs Phasen des Qualitätsmanagements durchgeführt. Ziel dieser Analyse ist es, Übereinstimmungen und mögliche Konflikte zu identifizieren und die Effektivität von Scrum im Rahmen des Qualitätsmanagements zu bewerten. Basierend auf den analysierten Defiziten werden in Kapitel 4 gezielte Empfehlungen zur Einführung und Verbesserung des Qualitätsmanagements in der agilen Softwareentwicklung mit Scrum gegeben. Die Arbeit schließt mit einem Fazit, das die wichtigsten Ergebnisse zusammenfasst und untersucht, ob die Hausarbeit die Forschungsfrage beantworten konnte.

2 Theoretische Grundlagen

In diesem Kapitel werden die theoretischen Grundlagen für das Verständnis der Scrum-Methode und des Qualitätsmanagements dargelegt. Abschnitt 2.1 widmet sich den Kernkonzepten des Qualitätsmanagements, während Abschnitt 2.2 die wesentlichen Prinzipien und Praktiken von Scrum einführt.

2.1 Qualitätsmanagement

Qualitätsmanagement (QM) hat sich zu einem ganzheitlichen Managementansatz entwickelt, bei dem Qualität als gleichrangiges Produktmerkmal neben traditionellen Faktoren wie Kosten und Zeit steht (Benes & Groh, 2017, S.15). Der Ansatz betrachtet nicht nur das Endprodukt, sondern bezieht alle Prozesse mit ein, die zur Erstellung des Produkts oder der Dienstleistung beitragen. Das Ziel des Qualitätsmanagements ist es, die Anforderungen an Produkte oder Dienstleistungen konsequent zu erfüllen und gleichzeitig die Arbeitsabläufe und die Kundenzufriedenheit kontinuierlich zu verbessern (Jakoby, 2019, S. 4). Qualität wird dabei von Verbrauchern subjektiv aufgrund persönlicher Erfahrungen bewertet und dient als entscheidendes Kriterium bei Kaufentscheidungen. Diese Erkenntnis zwingt Anbieter, Qualität als Kern ihrer Marktstrategien zu verankern, um Produkte zu entwickeln, die Kundenbedürfnisse, Wirtschaftlichkeit und gesellschaftliche Normen integrieren und langfristige Profitabilität zu (Benes & Groh, 2017, S.12).

Eines der wesentlichen Instrumente im Qualitätsmanagement ist die Normenreihe DIN EN ISO 9000 ff., die international anerkannte Standards für Qualitätsmanagementsysteme setzt. Diese Normenfamilie legt die Grundlagen für ein systematisches Qualitätsmanagement fest und bietet Organisationen einen Rahmen, um ihre Prozesse effektiv zu gestalten und kontinuierlich zu verbessern (Gnahs & Quilling, 2019, S.5). Die EN ISO 9000:2015-11 Norm (2015, S.39) definiert Qualität selbst als „Grad, in dem ein Satz inhärenter Merkmale eines Objektes Anforderungen erfüllt".

Ein zentrales Ziel des QM lässt sich als die systematische Verbesserung und Sicherung der Produkt- oder Dienstleistungsqualität durch standardisierte Prozesse, Mitarbeiterintegration und kontinuierliche Optimierung definieren (Muggenthaler, 2016, S. 38). Zur praktischen Implementierung identifizieren Benes und Groh (2017, S. 95) sechs essenzielle Phasen im Qualitätsmanagementprozess: Qualitätsplanung, Qualitätsprüfung, Qualitätslenkung, Qualitätssicherung, Qualitätsverbesserung und Risikoabsicherung. Die effektive Anwendung dieser Phasen stellt eine fundamentale Verantwortung von Unternehmen im Rahmen des Qualitätsmanagements dar, um kontinuierliche Verbesserungen zu fördern und systematische Risikominimierung zu gewährleisten, was letztlich zur Steigerung der Kundenzufriedenheit und zur Sicherung der Wettbewerbsfähigkeit beiträgt.

2.2 Agile Softwareentwicklung nach Scrum

Scrum, ein agiles Framework der Softwareentwicklung, wurde 1993 von Jeff Sutherland entwickelt und ist seit 2010 im offiziellen "Scrum Guide" dokumentiert (Schwaber & Sutherland, 2020, S. 2). Es dient als Grundlage, um komplexe Projekte in überschaubare Arbeitseinheiten zu gliedern und durch ein hohes Maß an Flexibilität effizient zu bearbeiten (Weinreich et al., 2015, S. 566). Grundlage des Scrum-Modells ist die iterative und inkrementelle Vorgehensweise, die es ermöglicht, Software in kurzen, wiederholbaren Arbeitszyklen („Sprints") zu entwickeln (Vega et al., 2022, S. 100).

Das Scrum-Modell definiert drei zentrale Rollen: Product Owner, Scrum Master und Entwicklungsteam (Thiele et al., 2020, S.2). Der Product Owner definiert und priorisiert die Anforderungen („User-Stories"), die im Product Backlog festgehalten werden, um so den größtmöglichen Kundennutzen zu erzielen (Weinreich et al., 2015, S. 567). Das Entwicklungsteam arbeitet selbstorganisiert und trägt die Verantwortung für die technische Umsetzung der vom Product Owner vorgegebenen Anforderungen. Der Scrum Master agiert als Coach und unterstützt sowohl das Team als auch den Product Owner bei der korrekten Anwendung von Scrum. Seine Hauptaufgabe besteht darin, Hindernisse aus dem Weg zu räumen und für optimale Arbeitsbedingungen zu sorgen, damit das Team ungestört arbeiten kann (Thiele et al., 2020, S.2).

Abbildung 1: Scrum-Zyklus

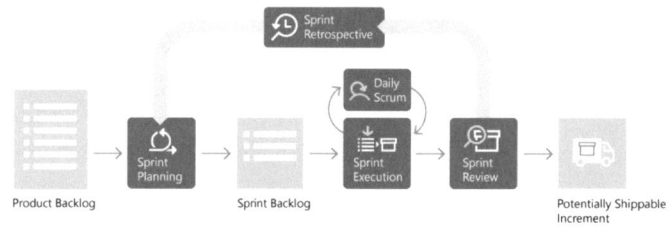

(Quelle: Jacobs et al., 2023)

Ein Sprint (Abbildung 1) beginnt mit der Sprintplanung. Der Product Owner definiert die User Stories aus dem Product Backlog, die im Sprint bearbeitet werden sollen. Diese Tasks werden in das Sprint Backlog überführt und bilden die Grundlage für die Arbeit des Entwicklungsteams während des Sprints. Während des Sprints findet täglich ein kurzes Meeting, das Daily Scrum, statt, um den Fortschritt zu besprechen und den weiteren Tagesablauf zu planen (Schwaber & Sutherland, 2020, S. 12 ff.). Am Ende eines Sprints wird die Arbeit in einem Sprint Review Meeting den Stakeholdern präsentiert. Dies bietet die Möglichkeit, Feedback einzuholen und gegebenenfalls Anpassungen für den nächsten Sprint vorzunehmen. Eine Sprint Retrospektive schließt den Sprint ab und dient dem Team dazu, den abgelaufenen Sprint zu reflektieren und Verbesserungsmöglichkeiten für zukünftige Sprints zu identifizieren (Sassa et al., 2023, S. 6 ff.).

3 Abdeckung der sechs Phasen des Qualitätsmanagements durch die Scrum-Methode

Dieses Kapitel untersucht und bewertet, ob und in welchem Umfang Scrum die sechs von Benes und Groh definierten, spezifischen Phasen des Qualitätsmanagements adressiert, die in Kapitel 2.1 beschrieben wurden.

3.1 Qualitätsplanung

Die Norm EN ISO 9000:2015-11 (2015, S.31) definiert Qualitätsplanung als „Teil des Qualitätsmanagements, der auf das Festlegen der Qualitätsziele und der notwendigen Ausführungsprozesse, sowie der zugehörigen Ressourcen zum Erreichen der Qualitätsziele gerichtet ist". Die Qualitätsplanung ist dabei ein zentraler Bestandteil des Qualitätsmanagements und zielt darauf ab, die Qualität der Produkte von Anfang an zu sichern, die Kundenzufriedenheit zu erhöhen und die Kosten durch Nacharbeit oder Fehlervermeidung zu reduzieren (Geiger & Kotte, 2007, S. 142). Um diese Qualitätsmerkmale durch messbare Ziele operationalisieren zu können, ist es notwendig, Informationen aus verschiedenen Unternehmensbereichen und dem direkten Austausch mit Kunden und dem Markt zu sammeln (Benes & Groh, 2017, S.110).

Im Scrum-Framework sichert der Product Owner die Produktqualität und gibt die Arbeitspakete des Entwicklungsteams vor. Durch kontinuierliches Optimieren des Product Backlogs wird eine transparente Kommunikation über die Entwicklungsziele für die Stakeholder geschaffen. Der iterative und inkrementelle Ansatz von Scrum garantiert dabei die konkrete Planung eines Zieles für jeden Sprint (Schwaber & Sutherland, 2020, S. 18). Die Sprintplanung dient dabei gleichzeitig der Qualitätsplanung. Es werden nur vollständig definierte Anforderungen, die dem Entwicklungsteam verständlich sind, für den Backlog eines Sprints geplant. So kann frühzeitig vermieden werden, unklare Anforderungen in die Entwicklung aufzunehmen, die zu Mängeln führen könnten (Mühlbauer, 2015, S. 3). Durch die kontinuierliche Einbindung des Kunden in den Entwicklungsprozess durch den Product Owner und die daraus folgende Optimierung der Anforderungen im Product Backlog wird sichergestellt, dass das Endprodukt nach den Erwartungen der Kunden entwickelt wird und diesen einen hohen Wert bietet (Sassa et al., 2023, S. 1).

Scrum gibt dabei jedoch nicht vor, wie die Einbindung der Stakeholder konkret aussehen soll. Es bleibt offen, wie oft sie stattfinden soll oder wie genau die Anforderungen gesammelt oder priorisiert werden sollen, da Scrum nur den Entwicklungszyklus an sich behandelt. Ein solcher Austausch ist für den Erfolg des Produkts unerlässlich (Birk & Heller, 2011, S. 2). Scrum gibt durch das Product Backlog und die Sprintplanung Maßnahmen für die Qualitätsplanung vor, beschränkt sich aber auf die groben Rahmenbedingungen und geht nicht ins Detail. Somit ist die Qualitätsplanung weniger festgelegt als im klassischen Qualitätsmanagement und könnte konkreter definiert werden.

3.2 Qualitätsprüfung

Die Qualitätsprüfung spielt eine zentrale Rolle im Bereich des Qualitätsmanagements und dient der Feststellung, inwieweit ein Produkt oder eine Dienstleistung die im Rahmen der Qualitätsplanung festgelegten Anforderungen erfüllt (Benes & Groh, 2017, S. 125). Die EN ISO 9000:2015-11 (2015, S. 56) definiert den Prozess der Qualitätsprüfung als „Feststellung der Übereinstimmung mit festgelegten Anforderungen". Während historisch noch hauptsächlich Endkontrollen von Produkten durchgeführt wurden, umfasst die Qualitätsprüfung heute alle Phasen des Produktlebenszyklus. Qualitätsprobleme können dabei oft effektiver gelöst werden, wenn sie früher im Entwicklungsprozess erkannt werden (Geiger & Kotte, 2007, S. 38).

Eine der Schlüsselpraktiken der Qualitätskontrolle in Scrum ist das tägliche Daily Scrum Meeting. Es ermöglicht dem Team, den Entwicklungsstand zu verfolgen und Probleme schnell zu identifizieren und zu lösen (Thiele, et al., 2020, S. 2) Am Ende jedes Sprints wird ein Sprint Review durchgeführt, bei dem das Produkt von Stakeholdern, einschließlich Kunden, überprüft wird. Dies bietet die Möglichkeit für Feedback und ermöglicht eine kontinuierliche Verbesserung des Produkts (Sassa et al., 2022, S. 6). Darüber hinaus betonen Schwaber & Sutherland im Scrum Guide (2020, S. 19) die Bedeutung der Definition of Done (DoD). Diese gibt klare Kriterien vor, wann eine Aufgabe oder ein Produktinkrement als abgeschlossen gilt und kann ein langfristiges Qualitätsziel für das Entwicklungs. Dies beinhaltet in der Regel eine Reihe von Qualitätskriterien, die erfüllt sein müssen, einschließlich der Durchführung von Code-Reviews und der Erfüllung aller Tests. Dadurch wird sichergestellt, dass das fertige Produktinkrement alle Qualitätsstandards abdeckt, bevor es als abgeschlossen gilt (Mühlbauer, 2015, S. 3)

Aufgrund der agilen Struktur sieht Scrum zahlreiche Maßnahmen zur Qualitätskontrolle vor und bindet jedes Mitglied des Entwicklungsteams in die Qualitätskontrolle ein. Das Durchführen von Tests ist ein zentraler Bestandteil von Scrum und ermöglicht das frühzeitige Erkennen von Fehlern (Birk & Heller, 2011, S. 1). Trotz der Vorteile von Scrum in Bezug auf die Qualitätskontrolle gibt es auch Schwächen gegenüber der klassischen Definition nach Benes & Groh. Eine davon ist die starke Abhängigkeit des Entwicklungsteams von den Fähigkeiten der einzelnen Teammitgliedern. Fehlen im Entwicklungsteam die notwendigen Fähigkeiten oder Ressourcen, kann es schnell zu Problemen bei der Qualitätssicherung kommen (Sassa et al., S. 7). Hinzu kommt, dass ein guter Entwickler nicht zwangsläufig auch ein guter Tester sein muss. Für eine erfolgreiche Qualitätskontrolle muss die Software nicht nur aus Sicht der Entwickler, sondern auch aus Sicht der Anwender getestet werden (Birk & Heller, 2011, S. 3).

3.3 Qualitätslenkung

Nach Geiger & Kotte (2008, S. 17) umfasst die Qualitätslenkung vorbeugende, überwachende und korrigierende Maßnahmen während der Produktentwicklung. Ziel der Qualitätslenkung ist es sicherzustellen, dass die Prozesse kontrolliert ablaufen und die Produkte oder Dienstleistungen den festgelegten Anforderungen entsprechen. Die EN ISO 9000:2015-11 Norm (2015, S. 31) definiert die Qualitätslenkung als „Teil des Qualitätsmanagements, der auf die Erfüllung von Qualitätsanforderungen gerichtet ist". Besonders entscheidend sind die proaktive Steuerung und Überwachung von Maßnahmen, da nachträgliche Korrekturen gemäß Bennes & Groh (2017, S.146) oft unzulänglich sind. Darüber hinaus ist die Dokumentation von Prozessen und Qualitätsstandards ein entscheidender Faktor, um die Nachvollziehbarkeit und Konsistenz der Qualitätslenkung zu gewährleisten (Brüggemann & Bremer, 2020, S. 153).

In der agilen Softwareentwicklung nach Scrum trägt das tägliche Daily Scrum-Meeting entscheidend zur Qualitätslenkung eines Sprints bei. Hierbei diskutiert das Entwicklungsteam den Fortschritt und passt die Planung bei Bedarf an, wodurch Qualitätsprobleme zeitnah identifiziert und behoben werden können und die Softwarequalität gesteigert wird (Schwaber & Sutherland, 2020, S. 3). Über den gesamten Entwicklungsprozess übergreifend unterstützt die inkrementelle Vorgehensweise von Scrum eine erweiterte Qualitätslenkung: Jeder Sprint resultiert in einem potenziell lieferfähigen Produktinkrement, das sowohl vom Team als auch von den Stakeholdern im Rahmen der Sprint Reviews sorgfältig geprüft wird und auch eine frühzeitige Erkennung und von Qualitätsmängeln und ein potenzielles Gegensteuern ermöglicht (Sassa et al., 2022, S. 6). Auch Mühlbauer (2015, S. 4) hebt hervor, dass die kontinuierliche Lieferung von Produktinkrementen und das daraus resultierende regelmäßige Stakeholder-Feedback die Anwendung von Qualitätssicherungsmethoden in Scrum vereinfachen und so eine hohe Übereinstimmung des entwickelten Produkts mit den vorher festgelegten Anforderungen gewährleistet.

Benes & Groh (2017, S.147) definieren die Gruppen der unmittelbaren als auch der mittelbaren Qualitätslenkung, das Scrum-Framework adressiert beide Gruppen vollumfänglich. Während das tägliche Daily Scrum-Meeting die unmittelbare Qualitätslenkung darstellt und eine schnelle Reaktion auf aktuelle Herausforderungen ermöglicht, deckt das Sprint-Review die mittelbare Qualitätslenkung ab. Durch eine offene Diskussion mit den Stakeholdern kann am Ende jeden Sprints der Product Backlog angepasst werden. Dadurch werden nicht nur Qualitätsprobleme frühzeitig adressiert, sondern auch ein langfristiges Qualitätsziel durch eine adaptive Planung verfolgt (Sassa et al., 2022, S. 6 f.). Die Qualitätslenkung wird somit bei korrekter Ausübung des Scrum-Frameworks vollumfänglich erfüllt.

3.4 Qualitätssicherung

Im Rahmen der Qualitätssicherung ist es essentiell, proaktiv das Vertrauen der Stakeholder zu gewinnen, indem glaubhaft dargelegt wird, dass die definierten Qualitätsstandards im eigenen QM-System konsequent eingehalten werden (Brüggemann & Bremer, 2020, S. 125). Die EN ISO 9000:2015-11 Norm (2015, S. 31) definiert Qualitätssicherung dabei als „Teil des Qualitätsmanagements, der auf das Erzeugen von Vertrauen darauf gerichtet ist, dass Qualitätsanforderungen erfüllt werden". Ein wichtiger Aspekt der Qualitätssicherung ist die Durchführung von Qualitätsaudits. Diese Audits können entweder intern oder durch externe Instanzen durchgeführt werden und dienen der Evaluierung, inwieweit das QMS den Anforderungen etablierter Normen, wie beispielsweise der ISO 9001, gerecht wird. Durch eine erfolgreiche Zertifizierung kann zudem das Kundenvertrauen gesteigert werden (Geiger & Kotte, 2007, S. 4).

Im Scrum-Guide wird von Sutherland (2020, S. 6 f.) dargelegt, dass die Erzeugung hochwertiger Produkte zum Aufbau von Kundenvertrauen führt und einen permanenten Fokus auf Qualitätssicherung impliziert. Der Produkt Owner überwacht die Beziehungen zu externen Stakeholdern, während der Scrum Master den Prozess steuert und kontinuierliche Verbesserungen initiiert. Die Grundprinzipien von Scrum, wie Transparenz und regelmäßige Überprüfungen der Ergebnisse, etablieren zudem einen natürlichen Rahmen des Vertrauens (Weinreich et al., 2015, S. 567).

In Scrum ergibt sich die Qualitätssicherung jedoch eher als ein Resultat der agilen Praktiken denn als ein separater, explizit definierter Prozess (Vega et al., 2022, S.99). Benes und Groh (2017, S.150) beschreiben Qualitätssicherung als Vorgang zum Bilden von Vertrauen bei Stakeholdern in die Wirksamkeit des eigenen Qualitätsmanagementsystems. Im Scrum-Framework fehlt eine explizite Definition und Implementierung eines Qualitätsmanagementsystems. Somit offenbart sich in Scrum eine deutliche Lücke hinsichtlich einer formalisierten Qualitätssicherung.

3.5 Qualitätsverbesserung

Qualitätsverbesserung ist gemäß der EN ISO 9000:2015-11 Norm (2015, S. 32) als „Teil des Qualitätsmanagements, der auf die Erhöhung der Eignung zur Erfüllung der Qualitätsanforderungen gerichtet ist" definiert. Diese Definition impliziert, dass Qualitätsverbesserung nicht nur eine einmalige Maßnahme darstellt, sondern vielmehr einen kontinuierlichen Prozess, der darauf ausgerichtet ist, die Qualität von Produkten, Dienstleistungen oder Prozessen stetig zu steigern (Geiger & Kotte, 2007, S. 182). Brügemann und Bremer (2020, S. 11) identifizieren Qualitätsverbesserung zudem durch die Anwendung integrierter Prinzipien und Methoden des Qualitätsmanagements als Schlüssel zur Steigerung der Wettbewerbsfähigkeit und zur Erfüllung wachsender Kundenerwartungen.

Ein zentrales Element von Scrum im Hinblick auf die Qualitätsverbesserung ist die itera-tive Entwicklung, bei der in regelmäßigen Abständen funktionstüchtige Produktinkre-mente ausgeliefert werden. Diese Methode unterstützt kontinuierliches Feedback und ermöglicht dem Team, Qualitätsprobleme zügig zu erkennen und zu lösen. Ein wesent-licher Mechanismus sind dabei die Sprint-Reviews, die der Verbesserung des Produkts dienen, sowie die Retrospektiven, die auf die Verbesserung des Prozesses abzielen. Beide Mechanismen bieten Teams die Gelegenheit, das Produkt und die eigene Arbeits-weise kritisch zu reflektieren und gezielte Verbesserungsmaßnahmen einzuleiten (Sassa et al., 2022, S. 6). Sutherland (2020, S. 5) bezeichnet zudem im Scrum-Guide das Prinzip der Empirie als Schlüsselrolle für die Qualitätsverbesserung. Es basiert auf der Annahme, dass Wissen aus Erfahrung gewonnen wird und Entscheidungen auf Ba-sis des aktuell Verfügbaren getroffen werden. Die Sprint-Retrospektive unterstützt die-ses Prinzip, indem das Team vergangene Sprints analysiert und Verbesserungsmöglich-keiten für zukünftige Sprints identifiziert, was ein fortwährendes Qualitätsbewusstsein und die stetige Verbesserung der Arbeitsprozesse und des Endprodukts fördert (Mühlbauer, 2015, S. 6). Die präzise Definition von Rollen und Verantwortlichkeiten op-timiert zudem die Aufgabenverteilung und bildet eine wesentliche Grundlage für kontinu-ierliche Qualitätssteigerungen und garantiert eine nachhaltige Entwicklung der Produkt-qualität (Vega et al., 2022, S. 101).

Die Evaluation und Verbesserung der Scrum-Praktiken obliegen primär dem Scrum Master, was bedeutet, dass die korrekte Ausführung des Scrum-Frameworks stark von dessen Kompetenz abhängt. Ein externer Qualitätsbeauftragter, der den Prozess objek-tiv von außen beurteilen und die Qualitätssicherung überwachen könnte, ist bei Scrum nicht vorgesehen. Nach Geiger & Kotte (2007, S. 211) ist eine solche Person, die außer-halb des Systems agiert, von zentraler Bedeutung für die Bewertung und Förderung des Qualitätsverbesserungsprozesses. Das Fehlen dieses Aspekts weist auf eine potenzielle Lücke in der Struktur von Scrum hin, da ohne eine externe Perspektive die Möglichkeit zur kritischen Selbstreflexion und damit zur Qualitätsverbesserung begrenzt sein könnte.

3.6 Risikoabsicherung

Risiko ist als die potenzielle Abweichung vom Erwarteten, verursacht durch Ungewiss-heit bezüglich Ereignissen und deren Wahrscheinlichkeiten definiert (EN ISO 9000:2015-11, 2015, S. 45). Die Risikoabsicherung im Qualitätsmanagement stellt nicht nur die Erfüllung von Qualitätsanforderungen sicher, sondern trägt auch dazu bei, po-tenzielle Risiken frühzeitig zu identifizieren und zu minimieren. Die Einbindung der Mit-arbeiter für Risikoprävention ist dabei von großer Bedeutung. Durch gezielte Schulungs-maßnahmen und die Förderung eines Qualitätsbewusstseins können Mitarbeiter dazu beitragen, Risiken frühzeitig zu erkennen und zu vermeiden (Geiger & Kotte, 2007, S.

147). Eine Risikomatrix kann helfen, Risiken in Relation zu ihrer Eintrittswahrscheinlichkeit und potenziellen Schadenskosten zu visualisieren, zu bewerten und sich gezielt dagegen abzusichern. Dabei stehen Optionen wie Vermeidung, Übertragung, Minderung und Akzeptanz zur Verfügung (Benes & Groh, 2017, S. 119 ff.).

Die Sprintplanung in Scrum dient als zentrales Element der Risikoabsicherung und fungiert als Quality Gate, um nur klar verstandene und eindeutige Anforderungen in den Entwicklungsprozess aufzunehmen. Diese Planungsphase ermöglicht es, dank direkter Klärung durch den Product Owner, Missverständnisse und potenzielle Fehlentwicklungen zu minimieren. Zusätzlich wird durch das Sprint Review jede Entwicklungsleistung qualitativ überprüft, was die Basis für den nächsten Sprint sichert und sicherstellt, dass das korrekte Produkt entwickelt wird (Mühlbauer, 2015, S. 4). Scrum bietet durch seine iterativen und inkrementellen Praktiken einen inkludierten Mechanismus zur Risikominderung, indem es Projekte in kleinere, überschaubare Sprints zerlegt. Dies erlaubt eine frühzeitige Erkennung und Adressierung von Risiken und erleichtert das Management von Änderungen und Herausforderungen (Sassa et al., 2022, S. 5). Die festgelegten Rollen innerhalb von Scrum sowie die im Scrum Guide definierten Werte wie Commitment, Mut, Fokus, Offenheit und Respekt unterstützen eine kontinuierliche Kommunikation und Transparenz, was eine frühzeitige Risikoerkennung fördert und eine Kultur schafft, in der Risiken offen kommuniziert und bewältigt werden können (Schwaber & Sutherland, 2020, S. 4 ff.).

Es lässt sich also sagen, dass in Scrum eine Risikoabsicherung basierend auf klarer Kommunikation, Einbindung des Product Owners, sorgfältiger Planung und stetiger Verbesserung existiert. Dies ermöglicht eine frühzeitige Risikoerkennung und -bewältigung, steigert die Produktqualität und Kundenzufriedenheit und minimiert durch Transparenz und regelmäßige Überprüfungen das Risiko von Fehlentscheidungen. Dennoch ist die Wirksamkeit der Risikoabsicherung dabei maßgeblich von der Erfahrung des Teams abhängig (Tavares et al., 2016, S.5). Zusätzlich fehlt in Scrum ein konkret definierter Prozess zum Risikomanagement, wie er im traditionellen Qualitätsmanagement definiert ist (Brüggemann & Bremer, 2020, S. 244).

4 Maßnahmen zur Qualitätssteigerung von Scrum

Die Analyse in Kapitel 3 verdeutlicht, dass Scrum grundsätzlich die sechs klassischen Phasen des Qualitätsmanagements abdeckt, allerdings auch Schwachstellen aufweist. Kapitel 4.1 widmet sich den Aspekten, die Unternehmen bei der Implementierung von Scrum berücksichtigen müssen, während Kapitel 4.2 Verbesserungsmaßnahmen für das Scrum-Framework definiert.

4.1 Anwendung von Scrum

Sowohl die Betrachtung von Qualitätsprüfung (Kapitel 3.2) als auch Risikoabsicherung (Kapitel 3.6) haben gezeigt, dass es starke Abhängigkeiten zwischen Qualität der Software und Qualifikation der Teammitglieder gibt. Da die Anwendung von Scrum nur so gut wie die Qualität der schwächsten Komponente im Team ist, werden Schulungen unabdingbar. Agile Teams sind in der Regel klein, hochqualifiziert und kulturell divers. Um effektiv zu arbeiten, benötigen die Teammitglieder eine hohe Kommunikationskompetenz und ein gutes Verständnis für die agilen Prinzipien und Werte (Anke & Ringeisen, 2021, S. 54). Eine Maßnahme stellt die kontinuierlich **Weiterbildung** der Teammitglieder in Bezug auf Qualität und Risikomanagement in Scrum dar (Tavares et al., 2016, S. 5).

In Kapitel 3.4 wurden Defizite bei der Qualitätssicherung identifiziert, die bei Scrum als Resultat der agilen Praktiken auftritt, aber nicht als Prozess definiert ist. Es entsteht die Notwendigkeit einer transparenten Darstellung von Projektfortschritten und -herausforderungen. Um Vertrauen in die Qualität der Software zu erzeugen, ist es essenziell, Qualitätskriterien von Beginn an festzulegen und durchgängig zu überwachen. Die **Implementierung** von regelmäßigen **Statusreports** als Maßnahme fördert die Transparenz gegenüber den Stakeholdern und stärkt deren Vertrauen (Khovrat et al., 2023, S. 199). Ferner betonen Heidt et al. (2020, S. 164) die Relevanz des **Stakeholdermanagements**. Die individuelle Berücksichtigung sowie das empathische Eingehen auf die Bedürfnisse und Erwartungen der Stakeholder sind für den Vertrauensaufbau entscheidend. Eine **flexible Reaktion** des Teams auf Feedback, insbesondere von potenzielle Kunden, sollte dabei in den Mittelpunkt der Entwicklung gestellt werden.

Kapitel 3.5 kommt zu dem Ergebnis, dass sich die Qualitätsverbesserung in Scrum durch kontinuierliche Reflexion und Lernen auszeichnet, was Teams ermöglicht, aus Fehlern zu lernen und sowohl Prozesse als auch Produkte stetig zu optimieren. Gemäß Pretschner et al. (2021, S.352) ist die Schaffung einer konstruktive Fehlerkultur, die Fehler als Gelegenheit zur Weiterentwicklung ansieht, grundlegend für die Durchführung von Scrum. Als Maßnahme sollte ein Unternehmen, das Scrum anwendet, eine solche **Kultur** der **kontinuierlichen Verbesserung** schaffen. Ein Fokus sollte dabei auf transparenter Kommunikation, enger Kundenkollaboration, Selbstorganisation und Teamarbeit liegen und ein systematischer Ansatz zur Steigerung der Qualität verfolgt werden.

4.2 Optimierung des Scrum-Frameworks

Kapitel 3.1 identifiziert die Definition of Done als Methode zur Qualitätsprüfung der erstellten Software. Die DoD umfasst dabei spezifische, vom Entwicklungsteam definierte Kriterien, die vor der Annahme eines Backlog-Items als abgeschlossen erfüllt sein müssen. Eine zu frühe und zu lockere Festlegung der DoD birgt das Risiko einer oberflächlichen Qualitätskontrolle, bei der möglicherweise nicht alle Softwareaspekte gründlich getestet werden. Um einen Standard bei der Qualitätssicherung zu gewährleisten, führen Hartnack & Beicht (2021) eine **Automatisierung** der **Testverfahren** und deren frühzeitige Implementierung im Entwicklungsprozess als entscheidend an. Zusätzlich sinnvoll ist eine Anwendung des **Vier-Augen-Prinzips**, bei dem die DoD vor der Finalisierung durch mindestens zwei unabhängige Teammitglieder überprüft wird, um Objektivität und Gründlichkeit sicherzustellen.

In Kapitel 3.6 wurde die Sprintplanung als Quality Gate identifiziert, in dem das Entwicklungsteam vor dem Entwicklungsstart die Plausibilität prüft. In Scrum fehlt jedoch die Definition eines klaren Prozesses zur Risikoabsicherung. Mühlbauer (2015, S. 3) empfiehlt daher die Durchführung eines "**Walkthrough Reviews**". Hierbei werden alle geplanten User-Stories des Sprints detailliert durchgesprochen, geplant und alle Kriterien dokumentiert, die für eine Implementierung unter Einhaltung der Qualitätsstandards erfüllt werden müssen. Zur Verbesserung der Softwarequalität ist zudem Test-Driven Development (TDD) geeignet. Diese Methode sieht die Erstellung von Test-Cases vor Programmierung des Codes vor und gewährleistet eine korrekte Implementierung der Funktionalitäten. Dies resultiert in einer frühzeitigen Fehlererkennung und -behebung und trägt so entscheidend zur Risikoabsicherung bei (Birk & Heller, 2011, S. 1 f.).

Eine weitere Maßnahme ist die Ergänzung des Scrum-Frameworks um zwei zusätzliche Rollen. Wie in Kapitel 3.2 analysiert, sind gute Entwickler nicht zwangsläufig gute Tester. Die Rolle eines **spezialisierten Softwaretesters** könnte diesen Prozess unterstützen, indem sich eine Person ausschließlich auf das Testen der Software konzentriert und eine kontinuierliche und systematische Überprüfung der Produktinkremente ermöglicht. Durch die frühen und kontinuierliche Tests aus Anwendersicht können Defekte frühzeitig identifiziert und behoben werden, bevor sie größere Probleme verursachen (Alami et al, 2022, S. 168 f.). Kapitel 3.5 beschreibt das Fehlen der konkreten Rolle eines **externen Qualitätsbeauftragten** im Unternehmen. Diese Rolle, anders als die eines Scrum Masters, kann eine externe Perspektive auf den Entwicklungsprozess einnehmen und als Bindeglied zwischen dem Team und den Qualitätsstandards des Unternehmens dienen. Zudem garantiert die Rolle, dass alle erforderlichen Qualitätsmaßnahmen, auch die über den Standard-Scrum-Prozess hinausgehenden, identifiziert und konsistent im Entwicklungszyklus umgesetzt werden (Hanssen et al., 2016, S. 92).

5 Fazit

Diese Hausarbeit hat sich intensiv mit der Forschungsfrage auseinandergesetzt, wie die agile Softwareentwicklung unter Einbeziehung des Scrum-Frameworks die klassischen sechs Phasen des Qualitätsmanagements adressiert und welche Maßnahmen zur Steigerung des Qualitätsstandards entwickelt werden können. Die Analyse verdeutlicht, dass Scrum speziell in den Bereichen der Qualitätslenkung, -planung, -prüfung, -verbesserung und Risikoabsicherung bedeutende Stärken aufweist, indem es flexible und effiziente Mechanismen zur Steigerung der Softwarequalität bietet. Gleichzeitig wurden mögliche Lücken identifiziert, vor allem in der Qualitätssicherung durch die mangelnde explizite Definition eines klaren Qualitätsmanagementsystems.

Um die identifizierten Schwächen auszugleichen und die Qualität von Scrum zu verbessern, wurden gezielte Maßnahmen formuliert. Unternehmen, die das Scrum-Framework anwenden, sollten Teammitgliedern konkret schulen und weiterbilden. In Unternehmen sollte zudem eine offene Kultur der kontinuierlichen Verbesserung geschaffen und das Vertrauen der Stakeholder proaktiv aufgebaut werden. Die Arbeit hat ebenfalls die Notwendigkeit hervorgehoben, Scrum durch automatisierte Testverfahren, das Vier-Augen Prinzip und Walkthrough-Reviews zu ergänzen. Zudem empfiehlt sich die Erweiterung von Scrum um zwei zusätzliche Rollen: Einen spezialisierten Softwaretester und einen externen Qualitätsbeauftragten. Werden diese Maßnahmen angewendet, wird es Unternehmen ermöglicht, die identifizierten Defizite von Scrum gezielt zu verbessern und die Vorteile von Scrum vollständig zu nutzen.

Zusammenfassend kommt diese Arbeit zu dem Ergebnis, dass Scrum ein leistungsfähiges Framework für die agile Softwareentwicklung darstellt. Es folgt überwiegend den klassischen sechs Phasen des Qualitätsmanagements und kann zudem durch ergänzende Maßnahmen erweitert werden. Die Qualität der so entwickelten Software in Unternehmen kann bei richtiger Anwendung und kontinuierlicher Anpassung signifikant gesteigert werden.

Literaturverzeichnis

Alami, A., & Krancher, O. (2022). How Scrum adds value to achieving software quality? *Empirical Software Engineering. Volume 27.*

Anke, S., & Ringeisen, T. (2021). Kompetenzanforderungen an Führungskräfte von agilen Softwareentwicklungsteams. *Gruppe. Interaktion. Organisation. Zeitschrift für Angewandte Organisationspsychologie (GIO). Volume 52,* 51-63.

Benes, G., & Groh, P. (2017). *Grundlagen des Qualitätsmanagements (4., aktualisierte Auflage).* München: Carl Hanser Verlag.

Birk, A., & Heller, G. (2011). Qualitätsmanagement in der agilen Entwicklung – QM muss sich neu positionieren. *Online Themenspecial Agility 2011.*

Brüggemann, H., & Bremer, P. (2020). *Grundlagen Qualitätsmanagement. Von den Werkzeugen über Methoden zum TQM.* Wiesbaden: Springer Vieweg.

Cohn, M. (2010). *User Stories für die agile Software-Entwicklung mit Scrum XP u.a.* Frechen: mitp-VerlagsGmbH & Co. KG.

DIN ISO 9000:2015. (2015). *Qualitätsmanagementsysteme - Grundlagen und Begriffe.* Berlin: Deutsches Institut für Normung e. V.

Geiger, W., & Kotte, W. (2007). *Handbuch Qualität. Grundlagen und Elemente des Qualitätsmanagements: Systeme - Perspektiven (5. Auflage).* Wiesbaden: GWV Fachverlag GmbH.

Gnahs, D., & Quilling, E. (2019). *Qualitätsmanagement Konzepte und Praxiswissen für die Weiterbildung.* Springer VS: Wiesbaden.

Hanssen , G., Haugset , B., Staalhane, T., Myklebust , T., & Kulbrandstad, I. (2016). Quality Assurance in Scrum Applied to Safety Critical Software. *International Conference on Agile Software Development* (S. 92-103). Edinburgh: SpringerOpen.

Hartnack, T., & Beicht, D. (2021). *Die Definition von Qualität in einer Scrum-Umgebung.* Von fls: https://fastleansmart.com/blog/qualitaet-in-scrum-definieren/ abgerufen

Heidt , L., Gauger, F., Wagner, B., & Pfnür, A. (2020). Widerstände gegen Agilität: Agiles Change Management als Erfolgsfaktor in Projekten der digitalen Transformation. *Die Unternehmung. Volume 74,* 155-172.

Jacobs, M., Kulla-Mader, J., Petersen, T., Park, C., & Kaim, E. (05. Oktober 2023). *Was ist Scrum?* Von Microsoft: https://learn.microsoft.com/de-de/devops/plan/what-is-scrum abgerufen

Jakoby, W. (2022). *Qualitätsmanagement für Ingenieure – Eine Einführung in die qualitätsorientierte Gestaltung von Produkten, Prozessen und Organisationen. 2. Auflage.* Wiesbaden: Springer.

Khovrat, A., Teslenko, D., & Kyrychenko. (2023). Theoretische Grundlagen des agilen Manifests für die Softwareentwicklung. *Grail of Science,* 196-200.

Liggesmeyer, P. (2009). *Software-Qualität. Testen, Analysieren und Verifizieren von Software. 2. Auflage.* Spektrum Akademischer Verlag.

Muggenthaler, F. (2016). Marketing and quality management. *Journal of Aesthetic Surgery, Volume 9,* 36-39.

Mühlbauer, D. (2015). Das Q in Agile Qualitätssicherung in agilen Projekten. *Online Themenspecial Agility 2015.*

Pretschner, A., Zuber, N., Gogoll, J., Kacianka , S., & Nida-, J. (2021). Ethik in der agilen Software-Entwicklung. *Informatik Spektrum. Volume 44,* 348-354.

Sassa, A., Almeida, A., Pereira, T., & Oliveira, M. (2022). Scrum: A Systematic Literature Review. *International Journal of Advanced Computer Science and Applications(IJACSA), 14(4).*

Schwaber, J., & Sutherland, J. (2020). *Der visuelle Scrum Guide.* Leadventure.

State of Agile. (2022). *16th State of Agile Report.* digital.ai.

Tavares, B., Silva, C., & Souza, A. (2016). Risk Management Analysis in Software Projects which Use the Scrum Framework. *International Transactions in Operational Research. Volume 26, Issue 5.*

Thiele, H., Weber, S., Reichwein, J., Bártolo, J., Tchana, Y., Jiménez, L., & Borg, J. (2020). *A SCRUM AGILE INTEGRATED DEVELOPMENT FRAMEWORK.* A Scrum Agile Integrated Development Framework: Cambridge University Press.

Vega, F., Rodríguez, G., Rocha, F., & Santos, R. (2022). Scrum Watch: a tool for monitoring the performance of Scrum-based work teams. *J. Univers. Comput. Sci., 28,* 98-117.

Weinreich, R., Neumann, N., Riedel, R., & Mueller, E. (2015). Scrum as Method for Agile Project Management Outside of the Product Development Area. *IFIP International Conferenceon Advances in Production Management Systems (APMS),* (S. 565-572). Tokyo.